MYTHOLOGIE NORDIQUE

HISTOIRES DU PANTHÉON NORDIQUE

ADAM ANDINO

CONTENTS

Introduction : Une brève histoire de la mythologie nordique 1

Chapitre 1 : Les principaux dieux 6

Chapitre 2 : Créatures et monstres nordiques 15

Chapitre 3 : Les origines du panthéon nordique 22

Chapitre 4 : La guerre Ases-Vanir 33

Chapitre 5 : Les sacrifices d'Odin 41

Chapitre 6 : Sif et les cheveux d'or 46

Chapitre 7 : Idun et les pommes d'or 50

Chapitre 8 : Le mythe de Fenrir et Tyr 54

Chapitre 9 : Ragnarok 60

INTRODUCTION : UNE BRÈVE HISTOIRE DE LA MYTHOLOGIE NORDIQUE

Si les contrastes entre les différentes mythologies peuvent facilement être mis en évidence et débattus, l'objectif des mythes à travers les cultures est le même. Ce que nous appelons aujourd'hui la mythologie était autrefois une religion, dont les récits servaient à enseigner la morale, à expliquer différents phénomènes et à divertir. La religion était, et est toujours, prépondérante dans les nombreuses sociétés et cadres de gouvernement actuels. Depuis le début de la civilisation, les hommes ont toujours été fascinés par les merveilles du monde et par ce qui ne pouvait être expliqué ; c'est pourquoi l'introduction des religions et les interrogations sur la vie après la mort ont saisi l'humanité sous ses nombreuses formes. La mythologie, ou religion, à laquelle ce livre est consacré est particulièrement fascinante : la mythologie nordique.

Les Vikings

Le peuple qui croyait au panthéon nordique était connu sous le nom de Vikings, originaires des pays actuels de Norvège, du Danemark, d'Islande et de Suède. Ils régnaient sur les mers et les terres, de l'Amérique du Nord au Groenland, et même jusqu'à Bagdad. Leur empire s'est étendu et a même rivalisé avec le grand Empire romain. Au cours de l'ère viking, de 800 à 1100 de notre ère, ils se sont développés et ont cherché à s'enrichir grâce à l'or, à l'argent, aux pierres précieuses et à la terre.

Les peuples germaniques et les Anglo-Saxons

Les Germains ont également été intégrés à la culture viking. Étant donné que l'ère viking englobait une grande partie des régions d'Europe du Nord, y compris les îles britanniques et les régions supérieures des Alpes continentales, les petites tribus des peuples indigènes étaient souvent mélangées aux Anglo-Saxons et aux Vikings. Bien que nombre de leurs traditions aient pu refléter les mêmes principes et idéologies des mythes nordiques, chaque tribu pouvait posséder sa propre forme de paganisme. Cependant, en raison de la faible population des tribus et souvent de l'analphabétisme, ces mythes se sont perdus avec le temps et le christianisme.

Traditions orales

Les Vikings parlaient une langue connue sous le nom de "vieux norrois", dont la forme écrite était constituée de runes. Bien avant que les Vikings n'écrivent leurs histoires, leurs mythes et leurs légendes, ils les racontaient oralement et pratiquaient leur religion en vénérant les dieux de manière "traditionnelle". Il n'y avait pas beaucoup de temples élaborés ou d'autres lieux de culte, mais les dieux étaient vénérés principalement à la maison, les histoires étant transmises de génération en génération. Cela n'est pas très différent des pratiques d'une famille en ce qui concerne la religion, la vie de famille et les jours de fête.

On ne sait pas grand-chose de la mythologie nordique elle-même. Seule une poignée de textes a survécu à l'époque. Les textes qui ont réussi à survivre sont des poèmes et des sagas. Les textes *Poetic Edda* et *Prose Edda* étaient des recueils de poèmes basés sur les mythologies des Vikings, ainsi que les sagas, qui décrivaient la vie des rois scandinaves et des héros germaniques tels que *Beowulf*. Les petits recueils disponibles ont été écrits soit au milieu de l'ère viking, soit juste après, pendant l'âge des ténèbres.

Il est également important de noter que les textes religieux écrits au Moyen-Âge sur l'ère viking ont pu avoir une influence chrétienne. Certains mythes et récits d'origine ressemblent à des fables des mythologies chrétiennes. Ces textes ont été rédigés à une époque où le christianisme s'efforçait de convertir le plus grand nombre possible de personnes en croyants et, à ce titre, des récits similaires à ceux des Vikings ont pu être présentés comme une tactique de conversion.

L'introduction du christianisme

L'introduction du christianisme et sa domination ont pris de nombreuses années pour éradiquer complètement l'ère préchrétienne des mythologies religieuses. Avant que le christianisme ne combatte et ne remporte la domination des re- ligions, les croyances chrétiennes en Dieu et en Jésus étaient intégrées dans la mythologie nordique. Cette évolution est similaire à celle du panthéon romain, qui a également créé de nouvelles divinités inspirées des récits chrétiens et fu- sionné les divinités dont les points de vue religieux étaient différents. Les Vikings croyaient souvent aux deux mythologies.

Le christianisme a finalement entraîné la chute de l'ère viking, à l'instar de nom- breuses institutions païennes. Vers l'an 1000 de notre ère, le christianisme est devenu la religion nationale de l'Islande, et le reste des pays européens ont fini par suivre. Après le Moyen Âge, l'histoire de l'Europe est tombée dans l'oubli jusqu'à la Renaissance, qui a débuté au début du XVe siècle.

Au cours de l'anéantissement des sociétés païennes, la plupart des histoires et mythologies germaniques ont été détruites dans le but de convertir les païens au christianisme. De nombreuses pratiques païennes des Anglo-Saxons et des Vikings ont été interdites à mesure que le christianisme s'imposait dans les royaumes et les gouvernements unifiés.

La vie quotidienne des Vikings

Les dieux, comme dans d'autres mythologies, ont influencé la vie quotidienne des peuples germaniques et nordiques. Dans la mémoire moderne, les Vikings sont perçus comme des marins, des gens qui vivent des réalités difficiles, ce qui est la norme. Bien qu'il existe des preuves de l'existence de ces Vikings, la vie de la plupart d'entre eux tournait autour de l'agriculture et du foyer. Les sexes étaient séparés : les femmes restaient à la maison pour confectionner les vêtements, cuisiner et préparer les repas, et s'occuper des animaux de la ferme tels que les moutons et les vaches ; les hommes étaient chargés de labourer les champs, d'ensemencer les cultures et d'effectuer la rotation des cultures.

Des métiers spécialisés, comme la forge, étaient également disponibles dans les villages les plus peuplés et étaient souvent utilisés en échange de nourriture. La famine et les raids étaient monnaie courante à l'époque des Vikings et touchaient tout le monde. Même les plus riches et les plus prestigieux étaient touchés par les maladies et la famine.

Les coutumes des Vikings

Les Vikings n'avaient pas de religion organisée à proprement parler. Il y avait bien quelques lieux de culte, comme des temples et des salles, où les gens se réunissaient pour des célébrations et des sacrifices, mais ils ne ressemblaient pas à des temples aussi élaborés que ceux des Grecs et des Romains, par exemple. Ils avaient plutôt des lieux spécifiques dédiés à une certaine divinité, comme un bosquet. Il y avait des événements liés à la communauté, tels que des sacrifices pour la guerre, la famine et même les mariages. Les Vikings sacrifiaient souvent des humains et des animaux lorsqu'ils pensaient avoir déplu aux dieux.

Les coutumes mises en œuvre en relation avec les dieux étaient plus personnelles et familiales qu'une religion centrale et rigide. Si tout le monde croyait généralement aux dieux et aux mythes qui les accompagnaient, les textes historiques montrent que les Vikings et les autres peuples germaniques avaient des liens personnels avec certains dieux et déesses.

Si les mythes et légendes du panthéon nordique ont survécu, les récits comportent de nombreuses lacunes et des messages alambiqués. Les textes historiques ont été écrits pour un public qui connaissait déjà les informations et la chronologie des divinités et des légendes. Les histoires de ces divinités manquent également d'ordre chronologique, et il n'est pas toujours évident de savoir si le mythe A s'est produit avant le mythe B ou vice versa. Les mythes nordiques peuvent être très confus et compliqués, mais leur intrigue perdure depuis des siècles et est si fascinante qu'elle a inspiré une myriade de livres, d'émissions télévisées et de films.

Dans le prochain chapitre, les dieux et déesses du panthéon nordique seront présentés en bonne et due forme.

CHAPITRE 1 : LES PRINCIPAUX DIEUX

Odin. Thor. Loki. Grâce à la série de bandes dessinées et de films *Avengers* de Marvel, les fans ont retrouvé l'envie d'en savoir plus sur la mythologie nordique. Stan Lee, le créateur de Marvel Comics, a pris des libertés créatives et des idéologies à partir des mythes et des légendes et les a utilisés pour raconter des histoires passionnantes sur le bien et le mal. La trilogie du *Seigneur des anneaux de* J. R. R. Tolkien, avec ses elfes, ses nains et sa magie, est une autre œuvre de fiction populaire qui s'est inspirée du panthéon nordique. Le renouveau des super-héros au cinéma et dans d'autres médias de fiction a entraîné une résurgence du désir d'en savoir plus sur les mythologies des peuples nordiques.

Comme dans beaucoup de récits fictifs, il y a des incohérences massives dans les détails des personnages de l'univers Marvel, comme le fait que certains personnages sont intrinsèquement bons ou mauvais. Dans les véritables mythes de la mythologie nordique, les réalités n'étaient pas aussi noires et blanches.

Les divinités aesir

Il existe deux sous-ensembles de dieux dans le panthéon nordique : Les Aesir et les Vanir. Les deux sous-ensembles de ces divinités étaient puissants et redoutables, mais ils ne peuvent pas être désignés comme étant simplement "bons" ou "mauvais". Les divinités Ases vivaient à Asgard, l'un des neuf royaumes de l'univers, avec le dieu principal Odin. Ce royaume était l'endroit le plus ensoleillé et les branches les plus hautes d'un arbre appelé Yggdrasil. Yggdrasil était le centre des neuf cosmos de la mythologie nordique, avec Asgard comme branche suprême. L'arbre de vie sera abordé plus en détail au chapitre 3 : L'origine des dieux.

Vous trouverez ci-dessous, par ordre alphabétique, les dieux associés à cette tribu de dieux et de déesses.

Baldur : Le Dieu pacifique

Baldur (ou Baldr selon certains textes et traductions) était l'un des dieux les plus pacifiques d'Asgard. Il était vénéré par les dieux et les hommes pour sa sagesse, son attrait et sa capacité à maintenir la paix. Baldur était le frère de Thor et le fils d'Odin et de Frigg, le roi et la reine du royaume. Sa confiance en lui débordait, ce qui l'amenait à être souvent le médiateur entre les humains et les dieux auxquels ils répondaient. De nombreux érudits le comparent souvent au dieu grec et romain Apollon, qui était également connu pour sa beauté et son charme extraordinaires.

La mort de Baldur a conduit les dieux à un événement connu sous le nom de Ragnarok, ou la fin de l'ère des dieux. Il avait été prédit que Baldur mourrait à cause de l'implication de Loki, le dieu filou.

Bragi : le dieu de la poésie

Bien qu'il ne s'agisse pas d'un dieu majeur à proprement parler, Bragi était le dieu de la poésie et le barde de la cour d'Odin au Valhalla. Dans les textes préchrétiens, il est dit que Bragi était autrefois un mortel ayant une affinité pour la poésie, et que ceux qui mouraient et arrivaient au Valhalla avaient besoin d'un barde pour chanter leurs nobles contes et histoires. On a également dit que le dieu était celui qui accueillait les âmes du monde des mortels au Valhalla. Comme si cela ne suffisait pas, on croyait aussi que le dieu était l'époux d'Idun, la déesse responsable de l'immortalité des dieux.

Cependant, d'après certains textes sur la mythologie nordique datant du Moyen Âge, Bragi n'était pas considéré comme un dieu domestique et n'était donc pas vénéré en tant que tel dans le panthéon nordique. Il existe de nombreux malentendus et idées fausses sur cette divinité particulière, en raison du manque de textes religieux datant de l'ère viking.

Frigg : Reine des dieux et déesse du mariage

Frigg, la reine des dieux et l'épouse d'Odin, régnait sur les neuf royaumes. Elle était spécialisée dans le mariage, la procréation, la prophétie et la sagesse. Bien qu'elle et Odin aient eu de nombreux enfants ensemble, son enfant le plus célèbre est Baldur, le dieu gardien de la paix. Frigg était le second commandant après Odin et était la seule, à part lui, à être autorisée à s'asseoir sur le trône. Souvent comparée à Héra ou Junon, les reines grecques et romaines des dieux, elle n'était pas du genre jaloux, mais avait au contraire un comportement calme qui était largement respecté.

On croyait que la déesse de la prophétie avait vu la mort de son fils et la fin des dieux bien avant que les événements ne se déclenchent.

Heimdall : Le gardien des royaumes

Heimdall était le gardien des royaumes et des portes d'Asgard grâce à sa force et à sa vue incroyables. On croyait que rien ne pouvait lui échapper, en particulier ceux qui tentaient de pénétrer dans le royaume. Il était rapide et intrépide, des qualités qui lui ont également valu d'être nommé gardien.

Idun : déesse de la beauté

Idun était la déesse de la fertilité, de la beauté et de la jeunesse. Elle cultivait les pommes d'or que les dieux utilisaient pour obtenir le pouvoir de l'immortalité. Tous les dieux voulaient être en sa faveur afin de posséder l'éclat de la jeunesse et l'énergie qui les soutiendraient pendant des milliers d'années. Elle est souvent comparée aux déesses grecques et romaines Aphrodite et Vénus, mais on ne sait pas grand-chose d'autre sur elle, si ce n'est qu'elle était l'épouse de Bragi. Une grande partie de ce que l'on sait d'elle manque malheureusement de contexte et reste donc un mystère jusqu'à aujourd'hui.

Loki : Le Dieu Trickster

L'un des dieux les plus célèbres des mythes et légendes nordiques. Connu comme le dieu filou, il était également le dieu du feu et un métamorphe qui pouvait se transformer en n'importe quelle créature et n'importe quel sexe. Loki était un personnage étrange mais rusé, qui agissait toujours pour se protéger et s'amuser. Les films et les bandes dessinées de Marvel l'ont présenté comme le frère adoptif de Thor, alors qu'en réalité, il était considéré comme un compagnon ou un ennemi des dieux.

Le dieu de la ruse avait souvent des problèmes avec les dieux Ases et leurs ennemis. Il a aidé à sauver Idun des géants, mais il a aussi tué Baldur, provoquant ainsi le début du Ragnarok. Loki était le fils d'une mère inconnue et d'un père qui était un géant du nom de Farbauti. Il est intéressant de noter que Loki n'était considéré ni comme un dieu domestique, ni même comme un dieu digne d'être suivi. C'était peut-être le point culminant de toutes ses ruses et de ses moqueries ouvertes à l'égard des dieux Ases.

Loki a été dépeint comme un dieu ou peut-être même comme un géant ; même les textes ne sont pas parvenus à s'accorder sur la véritable forme de Loki. Cependant, Loki a eu de nombreux enfants avec différentes créatures telles que Fenrir, Jormungand et Sleipner. Nous reviendrons sur les enfants de Loki dans le prochain chapitre consacré aux créatures et aux monstres des mythes nordiques.

Odin : Le roi des dieux et le dieu corbeau borgne

Odin, le dieu aux milliers d'épithètes et de noms, était le roi et le souverain d'Asgard et des neuf royaumes. Également connu sous le nom de "Allfather", il était le dieu de la poésie, de la mort, de la guerre et même de la magie. Il a régné sur Asgard avec sa femme Frigg et a eu ses fils Thor et Baldur. On pourrait facilement le comparer à Zeus ou Jupiter, les rois des dieux grecs et romains. Cependant, il était beaucoup plus complexe que ces derniers dieux adultères.

Odin était surtout connu pour porter un cache-œil après avoir sacrifié un œil dans sa quête de plus de sagesse. Il était un chercheur de savoir et de sagesse, allant souvent à l'extérieur d'Asgard pour approfondir ses connaissances. Il était l'un des dieux les plus complexes et les plus énigmatiques du panthéon nordique, avec des traits de caractère tels qu'il était à la fois un dieu bienveillant et un conquérant impitoyable, peu soucieux des thèmes de la justice ou de l'équité. Tout comme Loki, il ne s'intéresse qu'aux moyens de s'améliorer.

La juxtaposition de ces caractéristiques chez ce dieu est l'une des raisons pour lesquelles il était vénéré par tous. Non seulement il était la divinité la plus puissante des neuf royaumes, mais son attitude froide à l'égard de la justice imposait le respect à tous. D'autres mythes autour d'Odin seront évoqués dans les prochains chapitres.

Thor : Le Dieu Marteau

Avec son fidèle marteau Mjolnir, Thor régnait sur les cieux en tant que dieu de la foudre et du tonnerre. Il était l'enfant le plus célèbre d'Odin, plus célèbre que son frère Baldur, en raison de sa force et de son courage supérieurs. Les guerriers vikings citaient souvent Thor comme source d'inspiration pour leur impitoyabilité et leur bravoure à la guerre. Chaque guerrier humain aspirait à lui ressembler et à le rencontrer au Valhalla.

L'immense force de Thor était due au fait qu'il était le produit d'Odin, un demi-géant, et de sa mère, une géante du nom de Jord. Thor était considéré comme le protecteur des royaumes, en particulier de Midgard, le royaume des humains. Il est notoire qu'il avait un faible pour les femmes mortelles et qu'il utilisait souvent son physique à son avantage.

Thor pourrait facilement être comparé au demi-dieu romain Hercule, rien qu'en raison de sa force et de son physique inégalés. Mais les similitudes s'arrêtent là. Thor a également épousé Sif, sa femme rarement mentionnée, qui avait des cheveux d'or et qui est devenue le dieu de la fertilité et de l'agriculture. La fin de Thor dans le Ragnarok a également été prophétisée, où lui et le Jormungand se détruisent mutuellement.

Tyr : Dieu de la guerre

Le dernier dieu du panthéon des Ases de la mythologie nordique était Tyr, le dieu nordique de la guerre. Contrairement à sa spécialité, le dieu de la guerre était notoirement juste et équitable. Son sens moral de l'équité était inégalé par les autres dieux. Il ne participait à la guerre qu'en dernier recours, ce qui contrastait fortement avec ses homologues Mars et Arès, les dieux romains et grecs de la guerre. Son caractère incarnait le besoin de justice, comme nous le verrons plus loin dans ce livre, lorsque nous aborderons le mythe de Fenrir et Tyr.

Malheureusement, la lignée de Tyr reste inconnue en raison du manque de mythes et d'histoires le concernant. C'était un dieu très puissant et très important, mais malheureusement, peu de textes ont survécu qui donnent des informations substantielles à son sujet.

Les divinités vanires

Les divinités vanires sont celles qui ne règnent pas sur Asgard. Les dieux et déesses de ce royaume étaient moins connus ; on n'écrivait pas grand-chose à leur sujet. L'autre aspect qui distinguait les divinités vanires des Ases était qu'elles possédaient la connaissance de la magie et constituaient donc de redoutables ennemis pour les divinités asgardiennes lors de la guerre Ases-Vanir, qui sera abordée plus en détail au chapitre 9.

Freyja : Déesse de la magie

Freyja était la fille du chef des Vanir, Njord, et la sœur jumelle de Freyr. Elle était la déesse de la magie, de la fertilité et de la luxure. La déesse était également considérée comme la raison de l'introduction de la magie des Ases et des Vanirs. Elle était souvent représentée dans son char tiré par deux chats. Comme Odin et le Valhalla, Freyja était également connue pour accueillir la moitié des soldats tombés à Midgard dans un royaume connu sous le nom de Folkvangr, un endroit où règnent les champs d'or et la paix. La déesse les accueillait dans le Sessrumnir, ou "salle des sièges".

Freyja avait deux filles, Geresmei et Hnoss, avec son mari Oor. Ensemble, les quatre dirigeaient une grande partie de l'agriculture pour les humains, tout en cultivant les mortels eux-mêmes.

Freyr : Dieu de la fertilité

Frère jumeau de Freyja et fils de Njord, Freyr était le dieu de la fertilité, de la richesse et de la tranquillité. Il était considéré comme le dieu le plus bienveillant ; les marins le priaient souvent pour obtenir un passage sûr. Il était également le dieu de la reproduction masculine, comme en témoigne la myriade d'amantes qu'il choisissait, qu'il s'agisse de déesses ou de géantes. L'une de ces déesses était présumée être sa sœur Freyja.

Les Vikings sacrifiaient souvent des sangliers, son animal préféré, à l'occasion d'une récolte abondante ou d'un mariage. La richesse étant constituée de terres et de récoltes, l'abondance des récoltes était toujours suivie de manifestations de gratitude telles que des sacrifices au dieu.

Njord : Le Dieu de la mer et du vent

Njord était le chef des dieux Vanir et le maître du vent et de la mer. Il était également le dieu de la richesse et de la fertilité, ainsi que de la navigation. Ses enfants jumeaux étaient Freyja et Freyr, également divinités de la richesse et de la fertilité. Cependant, la mer était la spécialité et l'amour principal de Njord, et c'est même la raison pour laquelle il s'est séparé de sa femme, la géante Skadi, qui aimait les montagnes.

Hormis le mythe qui l'unit à Skadi, Njord reste un dieu relativement peu connu dans les sources savantes actuelles en raison du manque de textes. Cependant, il existe de nombreuses preuves qui soutiennent que Njord était un dieu bien connu et bien aimé, sur la base d'artefacts et de preuves de cultes en son nom.

Conclusion

Les mythes et légendes entourant les dieux sont restés des sujets d'intrigue à travers les siècles. En raison des nombreuses lacunes, des incohérences et de l'absence de preuves textuelles du panthéon, les divinités des neuf royaumes sont énigmatiques.

CHAPITRE 2 : CRÉATURES ET MONSTRES NORDIQUES

Plus tôt dans ce livre, il a été mentionné comment la mythologie nordique a inspiré le grand genre de la fantasy, dont le joyau couronné est la trilogie du *Seigneur des Anneaux de* J. R. R. Tolkien. Les races légendaires de la trilogie, telles que les nains et les elfes, en sont un bon exemple. Bien que *le Seigneur des anneaux* soit peut-être l'exemple le plus célèbre, un tel panthéon a inspiré de nombreux auteurs et leurs idées et scénarios fantastiques qui sont toujours d'actualité.

Créatures et monstres

Les créatures et les monstres du panthéon nordique étaient une collection de races et d'êtres, chacun provenant de différents royaumes de l'univers. Toutes les créatures ne s'opposent pas aux dieux et sont parfois considérées comme des aides dans les mythes.

Draugr

Les draugr étaient essentiellement les zombies des mythes nordiques, une horde de morts-vivants se réanimant pour semer la terreur. Certains récits indiquent qu'ils étaient semblables aux vampires actuels, mais les textes les décrivent plutôt comme des zombies. Leur force surhumaine allait de pair avec leur odeur de chair en décomposition. Les mythes affirment que les draugr se nourrissaient de chair humaine et qu'ils pouvaient traverser les murs de pierre comme s'ils étaient des fantômes. Leur principal objectif était de garder leurs trésors et de hanter ceux qui avaient commis des atrocités envers les draugr alors qu'ils étaient encore mortels. Le draugr pouvait mourir de deux façons : en démembrant et en brûlant le corps, ou si le corps lui-même se décomposait trop.

Nains

Les nains représentés dans la mythologie nordique n'étaient pas les petits hommes que l'on trouve dans les livres et les films fantastiques populaires. Ils vivaient plutôt dans le royaume de Svartalfheim, ou pays des elfes noirs. Ce royaume était situé dans les profondeurs de la terre. Les nains étaient considérés comme inférieurs aux hommes et aux elfes. Le plus grand atout des nains était leur capacité à forger, leur contribution la plus célèbre étant Mjolnir, le marteau du puissant Thor. Les nains ont également créé de nombreux autres artefacts du panthéon, dont un bateau pour Freyr.

Elfes

Les elfes vivaient à Alfheim, le royaume du dieu Freyr. Ils étaient grands et minces, mais en bonne santé. Il y avait deux branches d'elfes : les elfes clairs, connus sous le nom de Ljoslfar, et les elfes noirs, connus sous le nom de Dokkalfar. On suppose que les nains et les elfes noirs sont synonymes ; ils vivent sous la terre et dans le même royaume que les nains, ils sont donc probablement une seule et même personne. Les elfes de lumière, en revanche, vivaient à Alfheim avec Freyr et étaient probablement la source d'inspiration de nombreux elfes fictifs. Les elfes de lumière étaient considérés comme l'une des plus belles créatures de la mythologie, avec des cheveux d'or aussi brillants que le soleil. Ils n'interagissaient pas beaucoup avec les humains, à moins que ce ne soit pour les aider à guérir ou pour provoquer des maladies ; en gros, ils faisaient ce qu'ils voulaient. Certains elfes, cependant, se sont reproduits avec des humains et ont créé des êtres mi-elfes, mi-humains, avec les caractéristiques d'un humain et les pouvoirs magiques d'un elfe.

Huginn et Muninn

Huginn et Muninn étaient les deux corbeaux de confiance d'Odin. Huginn signifie "pensée" en vieux norrois, tandis que Muninn signifie "esprit". Les deux corbeaux étaient les yeux et les oreilles d'Odin. Leur tâche principale était de voler autour de Midgard et de recueillir les nouvelles de la race des hommes. Les noms signifiant "pensée" et "esprit", il a été largement supposé que les corbeaux étaient la personnification de l'expansion de l'esprit d'Odin, qu'il lançait pour suivre ses sujets. On dit également que l'une des plus grandes craintes d'Odin était que ses corbeaux bien-aimés ne lui reviennent pas.

Fossegrim

Les fossegrim étaient représentés comme des esprits de l'eau qui jouaient du violon de la plus belle des manières, et qui ressemblaient aux sirènes modernes, la queue en moins. Les fossegrim étaient souvent présentés comme de beaux hommes peu ou pas vêtus. Ils conduisaient les femmes et les enfants au bord de l'eau et au-delà, pour qu'ils se noient. Les fossegrim apprenaient également aux hommes à jouer du violon s'ils sacrifiaient une chèvre en leur présence. Selon la taille de la chèvre, la créature apprenait aux hommes à jouer aussi bien qu'elle ou à accorder le violon. Plus la chèvre était grosse et épaisse, plus les hommes apprenaient de l'esprit.

Kraken

L'une des créatures les plus tristement célèbres du panthéon nordique, le Kraken, s'est souvent illustré par ses interférences avec les navires. On pensait que le Kraken était soit une pieuvre massive, soit un calmar, soit même parfois un crabe. Très probablement inspiré par les calmars géants des profondeurs de l'océan, le Kraken était réputé avoir la taille d'une île. Lorsqu'un navire sans méfiance s'approchait pour accoster et explorer l'"île", il s'emparait du navire, l'entraînait avec son équipage dans les profondeurs de l'océan et les noyait. Il a également été reconnu que la créature était si massive que ses mouvements créaient des tourbillons, qui faisaient également couler les navires. Le Kraken, après avoir tué sa proie, dévorait ensuite les hommes qui succombaient à la noyade.

Norns

Les Nornes étaient essentiellement les trois Parques, comme dans les mythologies grecque et romaine. Les trois Nornes décidaient du sort de chaque créature vivante ; personne ne pouvait échapper à son destin, pas même les dieux eux-mêmes. Les trois Nords étaient de vieilles femmes aveugles qui étaient également les gardiennes d'Yggdrasil, également connu sous le nom d'Arbre de Vie. Bien qu'elles aient pris soin de l'arbre, il était destiné à mourir avec le Ragnarok. L'un des principaux thèmes de la mythologie nordique est que tout finit par se terminer et cesser d'exister ; c'est la règle naturelle de la loi qui ne peut être changée.

Ratatoskr

Ratatoskr était un être ressemblant à un écureuil dont la tâche principale était de courir le long de l'Arbre de vie pour transmettre des messages entre les royaumes. Cependant, ce que la créature appréciait par-dessus tout, c'était de répandre des rumeurs entre l'aigle Veorfolnir, qui siégeait au sommet de l'Arbre de vie, et le serpent Niohoggr, dont le repaire se trouvait dans les racines de l'arbre. On laisse entendre que Ratatoskr voulait que les deux êtres se battent l'un contre l'autre et détruisent l'arbre.

Valkyrie

La valkyrie est peut-être l'une des créatures les plus reconnaissables de tous les mythes et légendes nordiques. Les écrivains et les artistes ont été inspirés par la beauté de ces créatures mythiques. Les Valkyries étaient les aides d'Odin dans les batailles des hommes. C'étaient des jeunes filles d'une beauté et d'une noblesse exceptionnelles qui conduisaient les âmes tuées au combat vers le Valhalla. En vieux norrois, leur nom signifiait "sélectionneur des morts". Non seulement ces magnifiques esprits féminins conduisaient les morts au Valhalla, mais elles choisissaient aussi ceux qui vivaient et ceux qui mouraient au combat.

Bien que la plupart des créatures de cette section du chapitre soient reconnaissables, elles sont, à quelques exceptions près, propres aux mythologies nordiques. La section suivante de ce chapitre décrit les enfants de Loki et les circonstances inhabituelles de leur conception et de leur naissance.

Les enfants de Loki

Les enfants de Loki et les créatures qu'il a créées en changeant de forme méritent leur place dans ce chapitre. Chacun des trois décrits ci-dessous a été conçu dans des circonstances étranges : Fenrir, Jormungand et Sleipner. Chaque monstre et chaque créature sont uniques en leur genre et bouleversent les attentes en matière de comportement entre les dieux et les mortels ou les autres créatures.

Fenrir

Fenrir est peut-être l'un des loups les plus célèbres de toute la mythologie, proche de la louve du mythe de Romulus et Remus sur la fondation de Rome. Fenrir, cependant, n'était pas une louve nourricière, mais plutôt l'incarnation de la destruction et du pouvoir cauchemardesque. Il était le fils de Loki et d'une géante du nom d'Angrboda.

Fenrir a fait une dernière apparition dans Ragnarok, qui sera décrite plus en détail dans un autre chapitre.

Jormungand

Jormungand était un autre enfant délicieux de Loki et de la géante Angrboda. Ce monstre avait la forme d'un serpent géant. Jormungand résidait à Midgard avec un corps assez massif pour envelopper le monde entier. Il maintenait le monde en place et l'étriquait en lui laissant peu d'espace pour bouger. Dans un accès de répulsion, Odin le jeta dans l'océan où il grandit jusqu'à atteindre la taille de la terre elle-même.

Le monstre n'était pas nécessairement dangereux pour les humains, mais il méprisait les dieux. Son hostilité débridée envers eux, en particulier envers son ennemi juré Thor, s'est déchaînée en lui pendant des milliers d'années.

Sleipner

Dernier des enfants de Loki, Sleipner était d'une race particulière. Il était le noble destrier d'Odin, aussi sombre que la nuit la plus noire et doté de huit pattes. Sleipner était considéré comme le plus grand cheval de tous les royaumes.

L'histoire de la naissance de cette créature est celle de Loki et de l'étalon d'un géant nommé Svadilfari. Loki s'était transformé en jument ou en cheval femelle et avait été fécondé par l'étalon. Après être tombé enceinte, Loki porta Sleipner jusqu'à la naissance de la créature.

Conclusion

Les monstres et les créatures de la mythologie nordique exerçaient souvent une influence à la fois positive et négative sur les dieux et les mortels. L'idée de phénomènes extraterrestres et inexplicables a influencé la manière dont les Vikings ont exprimé leurs craintes et leurs espoirs.

Aucun mythe ou légende n'est complet sans une histoire d'origine. C'est pourquoi le prochain chapitre abordera l'histoire de l'origine du panthéon des dieux nordiques.

CHAPITRE 3 : LES ORIGINES DU PANTHÉON NORDIQUE

Toutes les histoires ont besoin d'un début clair, et les Vikings l'avaient bien compris. Les Vikings utilisaient l'histoire de l'origine des dieux pour expliquer l'univers et ses créatures. À l'époque des Vikings, il n'existait aucun moyen de comprendre l'univers de la même manière que les humains modernes. Avec ce principe à l'esprit, il était nécessaire non seulement d'expliquer les origines des hommes, mais aussi d'enseigner des leçons de mortalité à travers la même histoire.

Certains aspects du mythe présentent des similitudes avec d'autres récits d'origine européens, tels que le récit d'origine grecque impliquant Zeus. Si les récits présentent des parallèles avec d'autres mythes anciens, d'autres aspects, tels que les créatures et les monstres, sont exclusivement propres à l'histoire des Vikings.

Le temps avant les dieux

Avant que les dieux, les hommes et les autres créatures n'existent, l'univers était vide. Cet univers entier se composait de trois parties principales : Niflheim, Ginnungagap et Muspelheim. Les trois domaines distincts de cet univers étaient reliés par un arbre singulier. Chacun jouait un rôle dans l'existence des neuf royaumes.

Niflheim

Niflheim était la pointe la plus septentrionale de l'univers, avec son air glacial et ses couches de glace solide. C'était un endroit morne et sans vie. Il n'était pas possible d'y maintenir la vie, même avec ses immenses réserves d'eau gelées dans la glace. Un ruisseau appelé Hvergelmir traversait cependant l'extrémité sud du royaume ; la glace fondait en douze ruisseaux glacés. Ces ruisseaux finirent par se combiner pour former les rivières de Gjol, qui s'écoulèrent ensuite rapidement dans le royaume de Ginnungagap.

Ginnungagap

Ginnungagap était le royaume situé au milieu. Son nom se traduisant par "un abîme profond et sombre", il n'y avait aucun moyen de maintenir la vie ici non plus au début. Cependant, l'abîme se réduisit lorsque les eaux du Gjol remplirent le vide du Ginnungagap. L'eau mélangée aux couches de glace s'écoula dans Muspelheim, créant l'énergie et le climat nécessaires à la vie.

Yggdrasil

Grâce à ce nouveau climat prospère, un arbre a poussé au milieu de Ginnungagap. Cet arbre était connu sous le nom d'Arbre de Vie, ou Yggdrasil. Ses racines et ses branches atteignaient les neuf royaumes et le cosmos qui les entourait, reliant tous les royaumes en un point central. Dans la langue runique du vieux norrois, il est dit que l'arbre était un frêne, mais les érudits ont débattu du fait que personne ne savait exactement de quelle espèce d'arbre il s'agissait.

Muspelheim

Muspelheim était le royaume le plus chaud du cosmos. Également connu sous le nom de terre de feu, Muspelheim était à l'origine des rivières qui avaient commencé à couler à Niflheim. Lorsque la glace fondait, elle s'écoulait vers la terre de feu, qui produisait alors des étincelles et de la brume. La brume et la vapeur tourbillonnèrent autour de Ginnungagap, donnant naissance au premier être vivant.

Les premiers êtres

Au fur et à mesure que les étincelles faisaient tournoyer la vapeur, le brouillard et les taches de givre autour de Ginnungagap, celui-ci commença à créer une nouvelle forme. À l'intérieur de cette forme se trouvait le premier géant de givre, ou Jotunn, appelé Ymir, le premier être vivant.

Ymir

Après la création d'Ymir, il sommeilla pendant des éons ; pendant son sommeil, la sueur de ses aisselles et la viande de ses jambes formèrent trois autres Jotunn. Leur cœur était rongé par la cruauté et la méchanceté, et ils devinrent donc les ennemis des dieux.

La vache primitive et les dieux

Après la création d'Ymir et de ses enfants, une énorme vache du nom d'Audhumla fut également créée. Elle lécha la glace en allaitant Ymir et sa famille de géants. Elle se lassa du goût de néant de la glace et de la neige. Alors qu'elle léchait, elle découvrit de la roche solide sous la glace. Séduite, elle continua à lécher la glace jusqu'à ce que, deux jours plus tard, une autre forme se dessine. Le visage d'un autre être était visible.

Au matin du troisième jour, Audhumla lécha la forme du premier être divin. Il était séduisant, bon enfant et puissant. Il s'appelait Buri, et lorsqu'il aperçut son nouveau monde et les géants, il reconnut leur nature maléfique.

Buri finit par devenir le père de deux enfants, un fils appelé Borr et une fille appelée Bestla. Dans certaines traductions et versions, Bestla était considérée comme la fille d'Ymir, née de la sueur des aisselles de son père. Par conséquent, tous les dieux avaient en eux la présence de géants lorsqu'ils poursuivaient leur lignée.

Géants contre dieux

Borr et Bestla se marièrent et eurent trois fils, Vili, Ve et Odin. Ils observèrent les géants régner sur les royaumes avec une poigne puissante et une cruauté de tous les instants. Lors d'une révolution, les trois fils de Buri et Bestla tuèrent les géants du givre après avoir enduré de nombreuses années sous la domination cruelle des géants.

La formation des neuf royaumes

Ymir fut le premier à tomber du Jotunn. Alors qu'il gisait mort au milieu du Ginnungagap, son corps envahit l'ensemble des royaumes. Son sang jaillit de ses blessures, créant d'immenses rivières torrentielles qui noyèrent le reste des géants du givre, à l'exception de quelques-uns qui purent poursuivre la lignée des géants, également connue sous le nom de Jotnar, par le peuple nordique.

Des montagnes d'os

Après la mort d'Ymir au centre de l'univers, son corps englobait tout le cosmos. Odin et ses frères décidèrent d'utiliser ce corps pour fonder le nouveau monde. À partir de ce moment, les frères démantelèrent le corps du géant autrefois redoutable.

Chaque partie du corps du géant de glace fut utilisée. Les frères traînèrent les os et façonnèrent des montagnes et des vallées, car ils ne voulaient pas que les nouveaux mondes soient plats et ternes. Le sang du géant fut transformé en masses d'eau telles que les océans, les lacs, les mers, les rivières et les sources. Les fragments de dents et d'os furent broyés en fine poussière, contribuant au sable et aux rochers de la terre de Midgard.

Les cerveaux de la créature montagneuse furent façonnés en nuages ; ses cheveux devinrent toute la vie végétale, comme les arbres, les fleurs et l'herbe, sur la terre comme sur la mer. Le sommet du crâne du puissant Ymir fut transformé en voûte céleste. Sa chair est devenue la terre qui recouvre le sol du monde.

Les dernières formations de Midgard

Alors que le monde est presque terminé, les frères se rendent compte qu'il manque quelque chose dans le ciel. L'un d'eux suggéra d'utiliser les étincelles des feux qui brûlaient dans les profondeurs de Muspelheim. Les dieux libérèrent des millions d'étincelles des profondeurs pour créer un ciel moucheté la nuit. Chaque petite étincelle représentait un devoir et portait un nom qui lui était attaché lorsqu'elle tournait dans le ciel chaque nuit. Les divinités pensaient que cela permettrait aux mortels de retrouver le chemin de la maison après leurs errances.

La dernière touche a été apportée aux sourcils du géant. Pour empêcher les géants de pénétrer dans le monde des mortels planifiés, les sourcils ont été transformés en une barrière protectrice.

Une fois achevé, le nouveau monde des mortels fut appelé Midgard, car il était situé au milieu de Ginnungagap et d'Yggdrasil. Le nouveau monde se trouvait à l'endroit idéal pour que les divinités puissent veiller sur eux. Jotenheim, le royaume des géants, entourait le nouveau monde.

Les premiers mortels

Les humains n'étaient pas les premiers habitants de Midgard. Avec les restes de la chair pourrie d'Ymir, les trois frères créèrent les premiers êtres du royaume, les nains. Ils aimaient vivre dans les profondeurs de la terre et fabriquer des objets. Les dieux, se rendant compte de leur erreur, déplacèrent les nains vers leur future demeure, Svartalfheim.

Lors de la deuxième et dernière épreuve, les dieux ont tissé deux figures à partir de deux arbres, qui ont ensuite créé le premier homme et la première femme, Ask et Embla. Ask fut taillé dans un frêne, ce qui lui valut son nom, tandis qu'Embla fut taillé dans un orme. Les dieux insufflèrent la vie aux mortels et leur accordèrent les dons de la sagesse, de la parole, de la vue, de l'ouïe et de l'intelligence.

Vili et Ve étaient absents après le mythe de la création ; quant à savoir où ils se trouvaient et ce qui s'est passé après la création des neuf royaumes, ces histoires se sont perdues dans le temps.

Les neuf royaumes

Les dieux ont construit les Neuf Royaumes probablement à peu près en même temps qu'ils ont construit Midgard. Avec tout le chaos et la destruction, il était nécessaire de reconstruire une nouvelle demeure qu'ils pourraient habiter jusqu'à la fin de leur règne, ou Ragnarok. Alors qu'ils construisaient les couches du cosmos, ils décidèrent de placer leur royaume au sommet. Ainsi, leurs créations seraient protégées des géants du gel. Leur solution fut de créer un pont arc-en-ciel, ou Bifrost, comme principal portail de transport vers d'autres royaumes en cas de besoin.

Les royaumes comprennent Asgard, Alfheim, Hel, Jotunheim, Midgard, Muspelheim, Svartalfheim, Nifelheim et Vanaheim.

Asgard

Asgard était connu comme le royaume et la demeure des dieux Ases, et est donc considéré comme un paysage paisible par rapport au monde des mortels. Elle était dépeinte comme une cité divine avec de hautes tours faites de l'argent et de l'or les plus immaculés et un mur pour empêcher les visiteurs indésirables d'entrer. Le Bifrost était relié à Midgard et aux autres royaumes pour permettre aux dieux d'exécuter leurs ordres en toute sécurité.

Odin devint le principal responsable et fut connu sous le nom de "Allfather" pour les dieux et les mortels. La grande salle connue sous le nom de Valhalla était l'endroit où Odin lui-même accueillait les mortels qui mouraient honorablement au combat.

Alfheim

Alfheim était situé dans les cieux, non loin d'Asgard. C'était la patrie des elfes de lumière et du dieu Vasir Freyr, qui y régnait. La magie est omniprésente à Alfheim, qui est composé d'êtres mystiques et de végétation. Les elfes de lumière étaient chargés de donner aux mortels la créativité nécessaire pour créer de l'art, de la musique et d'autres formes d'expression.

Hel

Également connu sous le nom de Helheim, Hel était un enfer lugubre situé sous les racines de l'Yggdrasil. À l'origine, il était entouré de murs et ne comportait qu'une seule porte d'entrée et de sortie. Il n'existait qu'un seul chemin pavé vers Hel, appelé Helveg, qui descendait le long des racines de l'arbre jusqu'à l'entrée de la porte. Hel était gouvernée par la bien nommée déesse Hel, fille de Loki et sœur de Fenrir, le serpent de Midgard.

Finalement, Hel s'est peuplé des âmes des morts qui ont succombé à la vieillesse ou à la maladie. Comme dans les mythologies grecque et romaine, on croyait qu'il y avait plusieurs niveaux dans le monde souterrain, y compris le Valhalla ; cependant, on ne sait pas comment les âmes vivaient le reste de l'éternité ni combien de niveaux il y avait.

Jotunheim

Jotunheim, également connu sous le nom d'Utgard, était le royaume qui entourait Midgard et abritait les géants du givre. Il était considéré comme le lieu de naissance de la magie et de la nature sauvage sous sa forme la plus chaotique. C'est également là qu'est né Loki, le dieu de la ruse. Jotunheim était relié à Asgard par une rivière appelée Iving, une rivière traîtresse à traverser avec des rapides gonflés et des blocs de glace gelés.

Midgard

Midgard est le royaume des humains. Après la création de ce royaume par Odin et ses frères, ils ont placé d'énormes barrières autour de la terre pour protéger les mortels sans défense des géants du givre et d'autres êtres malveillants. Les dieux ont également créé tous les animaux et les créatures du royaume.

Muspelheim

Muspelheim a joué un rôle essentiel dans la création de l'univers et de toutes les créatures qui s'y trouvent. Muspelheim abritait les créatures connues sous le nom de Muspells ou de Géants du feu. Leur chef ou leur père, les érudits ne savaient pas lequel, Surtr, régnait sur le royaume. On pensait que Surtr, ainsi que les autres Muspells, n'avaient qu'une seule raison d'être, puisqu'ils n'étaient présentés qu'une seule fois dans les textes anciens. Leur rôle était de remonter des profondeurs de Muspelheim lorsque le Ragnarok commencerait.

Svartalfheim

Les nains, également connus sous le nom d'elfes noirs, régnaient sur le royaume de Svartalfheim, également appelé Nidavellir. Le royaume était enfoui dans les profondeurs de la terre ; les seules lumières étaient des torches faiblement allumées et les forges des nains. Les nains s'épanouissaient dans cet environnement. Sans les distractions que l'on peut trouver dans d'autres royaumes, il était facile pour les nains de se concentrer et d'affiner leur travail. Ils créèrent de nombreuses armes des dieux, comme Mjolnir, et construisirent même des bateaux pour le dieu Freyr. Grâce à leur savoir-faire et à leur capacité à intégrer la magie dans leur travail, les nains étaient, de loin, les meilleurs fabricants d'armes des neuf royaumes.

Nifelheim

Nifelheim et Muspelheim comptent tous deux parmi les plus anciens royaumes de l'univers. Bien que ces deux royaumes soient directement responsables de la création de toute vie, Nifelheim était le seul à ne pas avoir d'habitants. Il s'agissait d'une terre glacée et gelée avec de la brume tourbillonnant autour de son sommet. Au début, on croyait que les morts marchaient dans Nifelheim. Cependant, après qu'Odin eut jeté la déesse Hel dans son propre royaume, les âmes mortes errèrent dans les profondeurs de Hel. Depuis lors, Nifelheim est resté calme et silencieux.

Vanaheim

Le dernier des neuf royaumes s'appelait Vanaheim et abritait les dieux Vanir. On supposait que le royaume lui-même était plein de magie et de lumière, et qu'il abritait divers animaux et plantes mystiques. Les divinités vanires étaient spécialisées dans la fertilité et l'agriculture. La magie et les dons des dieux se traduisaient par des jardins et des cultures luxuriants et magnifiques. Avec des récoltes abondantes, du soleil, de la pluie et des vents faibles, Vanaheim était le paradis des royaumes autres qu'Asgard. Les océans et les mers du royaume offraient souvent des conditions météorologiques favorables à ceux qui aimaient voyager sur les mers et pêcher dans les profondeurs. C'était l'un des royaumes les plus agréables et les plus relaxants de l'univers.

La croyance populaire veut que le laxisme du royaume ait causé un problème majeur avec les dieux d'Asgard, ce qui a entraîné la guerre Aesir-Vanir. Nous reviendrons sur l'histoire et les conséquences de cette guerre dans le prochain chapitre.

Conclusion

Avant que les hommes ne comprennent l'univers et la profondeur de son expansion, la mythologie nordique expliquait comment le cosmos était apparu. Leur compréhension, ou leur manque de compréhension, de l'univers était extrêmement limitée. Comme il est dans la nature humaine, les questions sur la façon dont le monde a commencé ont été posées et ont reçu des réponses. Comme dans d'autres mythologies grecques et romaines, c'est le roi de toutes les divinités qui a construit le monde et créé les humains mortels et vivants.

Dans la mythologie nordique, le roi des divinités Odin et ses deux frères ont créé les royaumes à partir des ossements de leur plus grand ennemi déchu : un paysage littéral pour la renaissance d'une nouvelle ère. Les neuf royaumes du monde coexistaient les uns avec les autres ; souvent, les dieux visitaient la maison de leur création la plus récente et la plus aimée, les humains. Midgard était placé au milieu des royaumes, ce qui indiquait l'importance des mortels.

Même si les deux royaumes coexistent, la situation n'est pas toujours harmonieuse. Les géants du givre et d'autres êtres sinistres menaçaient constamment les dieux et les mortels. Souvent, les menaces venaient des divinités elles-mêmes.

CHAPITRE 4 : LA GUERRE ASES-VANIR

La guerre Aesir-Vanir a eu lieu après la création des neuf royaumes. Selon les textes, il s'agit de la première guerre depuis la création des royaumes. Les Ases - ceux qui vivaient à Asgard - et les Vanirs - ceux qui vivaient à Vanaheim - se livrèrent une guerre longue, sanglante et intense. Cette querelle entre les dieux fut ressentie dans l'ensemble des royaumes, provoquant des soulèvements et la peur parmi les peuples.

Les raisons de la guerre

Bien que les causes de la guerre ne soient pas clairement établies, ses effets durèrent jusqu'au Ragnarok. Les dieux et déesses des deux camps ont été contraints de quitter leurs maisons pour s'installer dans le royaume opposé en gage de paix. Certains érudits pensent que les différences de valeurs, la popularité croissante des divinités vanires auprès des humains et l'inceste répandu dans tout Vanaheim sont à l'origine de la guerre. Une histoire, cependant, reste la théorie la plus populaire de l'instigation.

Jalousie intense

Après la création des mortels, les dieux Aesir et Vanir ont tous deux exigé la loyauté et des sacrifices en leur nom. Au début, les Ases étaient les plus respectés des deux races de dieux. Ils détenaient plus de pouvoir sur les humains et avaient donc plus de droits sur les mortels.

Avec le temps, on pense que le point de vue des humains a changé. Alors que les dieux Aesir recevaient toujours plus de sacrifices, ils commencèrent à remarquer la popularité des divinités Vanir par rapport à eux. Les divinités de Vanaheim voulaient une part équitable de la gloire et du respect des humains.

Cette jalousie aurait pu devenir incontrôlable entre les dieux. Les dieux vanirs représentaient la fertilité généreuse de l'agriculture et de la procréation. Les deux besoins directs que sont la nourriture et la reproduction étaient la spécialité des Vanirs, et commandaient donc plus de respect et d'amour de la part des mortels qui les vénéraient.

Relations incestueuses

Si la jalousie intense a pu être un facteur contributif, elle n'est pas la seule raison de la guerre. Les divinités vanires étaient connues pour les relations incestueuses qu'elles entretenaient entre elles. Njord et sa sœur, qui n'a pas été nommée, étaient supposés être le père et la mère des jumeaux Freyja et Freyr. On pensait également que les jumeaux avaient eu de nombreux amants, y compris l'un pour l'autre.

Les dieux Ases n'étaient pas d'accord avec ce mode de vie et furent donc dégoûtés par l'idée de l'inceste à Vanaheim. Les facteurs combinés de l'inceste, de la jalousie et de l'introduction de la magie chamanique à Asgard ont suffi pour que les dieux se fassent la guerre.

La magie de Gullveig

La magie que possédait Gullveig était la magie la plus sombre connue dans les royaumes, appelée seidr. Elle était considérée comme une magie chamanique et menait souvent à la destruction. Elle influençait le destin des mortels et des dieux et se terminait souvent par la mort de quelqu'un.

Gullveig

Dans certaines traductions et croyances, Gullveig est la déesse Freyja qui est entrée à Asgard. La belle déesse enseigna sa magie aux nombreuses divinités qui s'intéressaient à sa magie et à sa capacité à infléchir le destin d'une personne.

Au bout d'un certain temps, la magie a fait l'objet d'abus. Les valeurs des divinités ont été mises en péril. L'égocentrisme interférait avec les valeurs de vérité, d'honneur, de justice et de loyauté. Après avoir réalisé qu'ils avaient mis de côté leurs valeurs fondamentales dans la poursuite de désirs égoïstes, ils ont demandé des comptes à Gullveig plutôt qu'à eux-mêmes.

Gullveig tué trois fois

En réponse à l'introduction de cette magie noire, les dieux Ases ont torturé et tué la déesse à trois reprises. Ils l'ont poignardée à plusieurs reprises avec des lances jusqu'à sa première mort et ont brûlé son corps à deux reprises. Chaque fois qu'elle fut tuée, son corps émergea des cendres de sa vie précédente. Le pouvoir que possédait la déesse semait la haine et la peur dans le cœur des dieux Ases, rivalisant avec le pouvoir d'Odin lui-même.

Les divinités ases pensaient que Gullveig était soit un maître du sabotage, soit une espionne pour le compte des Vanirs. Combinée à son pouvoir de résurrection à chaque fois qu'elle était assassinée, la peur s'est transformée en haine envers elle et le reste des divinités vanires.

De l'autre côté du spectre, les Vanirs étaient furieux à l'idée que les dieux Ases avaient délibérément tenté d'assassiner l'un des leurs. Dans un élan d'indignation, ils se préparèrent à la guerre. La juste justice et la vengeance qu'ils ressentaient les incitèrent à réclamer la guerre aux portes d'Asgard.

La première guerre entre les dieux

La première scène de la guerre a montré qu'Odin était le défenseur du royaume. Le début de la guerre a été causé par la lance qu'Odin a lancée dans l'armée des Vanirs, tuant l'un des dieux. Furieux, l'étincelle de la bataille s'est transformée en une guerre ardente.

Pendant une longue période, les deux camps se sont livrés à une guerre pour la domination. Cette guerre fut intense et sanglante. Les Ases, connus pour leur force brute, utilisaient des armes et des combats au corps à corps dans les batailles contre leurs ennemis. Les Vanirs lançaient des sorts magiques et les utilisaient à leur avantage.

Vainqueurs troubles

Alors que la guerre se poursuivait, il était clair qu'aucun camp ne pouvait renverser l'autre. Les dieux des deux camps étaient égaux. Aucune force n'était meilleure que l'autre. Les marées de la guerre changeaient constamment de direction pour favoriser les deux tribus de divinités, ce qui conduisait à une impasse.

Après une longue période, les deux camps se sont lassés des luttes qui les opposaient. Il était clair qu'il n'y avait pas de vainqueur, seulement un bain de sang entre les deux tribus de divinités.

Une trêve et une négociation d'otages

Dans la culture viking, la coutume voulait que deux villages ou peuples belligérants mettent fin à une guerre par une trêve et une négociation d'otages. Il s'agissait d'un rituel de bonne foi selon lequel les villages continueraient à vivre en paix.

La trêve

Après que les deux parties eurent accepté de mettre fin à la guerre, il y eut de nombreuses négociations entre les dieux Vanir et Aesir. Les deux camps se sont chamaillés sur la raison du début de la guerre. Selon les divinités vanires, c'était la faute des Ases et ils devaient donc se venger en partageant le nombre de sacrifices et de faveurs.

Finalement, les deux parties ont décidé de vivre en paix sur un pied d'égalité. La discussion fut une longue conversation entre les dieux pour décider de la meilleure marche à suivre. En plus de la trêve, un échange d'otages devait avoir lieu entre les tribus rivales.

L'échange d'otages

Une fois que les tribus se sont engagées à respecter la trêve, l'étape suivante consiste à trouver les otages. Parmi les divinités ases, on trouve deux frères d'Odin : Hoenir, dieu du silence aux jambes rapides mais à la langue lente, et Mimir, dieu de la sagesse. Les Vanir ont donné naissance aux jumeaux Freyr et Freyja aux côtés de leur père Njord, le chef des Vanir.

Les cinq dieux partent vers leurs nouvelles demeures. Les trois anciens dieux vanirs s'installèrent facilement dans leurs nouvelles demeures. Freyr et Njord furent chargés de superviser les sacrifices des humains, tandis que Freyja enseigna aux dieux Ases la magie utilisée à Vanaheim. Malheureusement, les anciens dieux Ases ne réussirent pas à s'adapter.

Une décapitation, puis un chaudron

Hoenir et Mimir se sont d'abord bien entendus. Les Vanir, remarquant la force et la beauté du dieu Hoenir, nommèrent Hoenir comme nouveau souverain. Au début, l'ajustement convenait bien à Vanaheim et aux dieux ; Hoenir semblait avoir compris le concept de régner avec Mimir à ses côtés.

Nous avons été trompés !

Cependant, la présence de Mimir et l'incapacité de Hoenir à prendre des décisions sans l'aide de Mimir ont nui à l'arrangement. La force et l'attrait ne suffisaient pas à faire d'un dieu lent un chef. Hoenir était également un ambassadeur inadéquat. Il parlait sans réfléchir et préférait laisser les autres décider de la solution plutôt que d'en assumer la responsabilité.

Les Vanir pensaient qu'ils avaient été trompés sur les biens. Non seulement Hoenir était une imposture, mais ils soupçonnaient également Mimir de ne pas posséder la sagesse qui lui avait été transmise à l'origine. En représailles aux dieux Ases, ils décapitèrent Mimir et renvoyèrent la tête à Odin, à la fois comme un défi et comme une menace.

Odin garde son calme. La décapitation de son frère l'avait bouleversé. Pour éviter une nouvelle guerre, Odin a préféré enchanter la tête coupée avec des formules magiques et de la poésie et l'a enveloppée dans des herbes. Il plaça ensuite la partie conservée de son frère dans une source située au pied de l'arbre Yggdrasil, connue sous le nom de "puits de Mimir". Odin se rendit souvent à la source pour y puiser de la sagesse, en particulier dans les moments de grande détresse.

Crachez dans le chaudron, s'il vous plaît

Épuisés par le drame et les combats incessants entre les Ases et les Vanirs, les dieux se réunirent pour rectifier une nouvelle trêve. Il fut décidé qu'il s'agissait d'un énorme malentendu et que les combats devaient cesser. Les deux camps sont d'accord sur ce point. Au lieu d'opter pour la violence, l'un des dieux s'empara d'un chaudron et demanda à chacun des dieux d'Asgard et de Vanaheim de cracher dedans.

En se mélangeant, la salive de tous les dieux forma l'être le plus sage du cosmos, connu sous le nom de Kvasir. En entrant dans le monde, il devint un voyageur parmi les royaumes et distribua la sagesse à tous ceux qu'il rencontrait. Néanmoins, l'existence de Kvasir marqua la véritable fin de la guerre Aesir-Vanir et le début de la cohabitation pacifique des dieux.

Conclusion

La guerre Aesir-Vanir fut la première guerre qui eut lieu après la création des neuf royaumes. Ce fut une guerre longue, sanglante et intense qui se termina par la décapitation d'un dieu de la sagesse et la naissance d'un nouveau.

De nombreux érudits pensent que la guerre a été représentée à la fois par les peuples scandinaves et germaniques. Le panthéon scandinave comprenait principalement les dieux Ases, tandis que le panthéon du peuple germanique était construit avec les dieux Vanirs. La guerre était une métaphore pour les deux peuples qui se réunissaient enfin dans la paix après de nombreuses années de guerre dans des batailles à armes égales.

CHAPITRE 5 : LES SACRIFICES D'ODIN

Le sacrifice commun pour obtenir la connaissance et la sagesse est le temps et, dans les sociétés modernes, l'argent. Pour être considéré comme le maître d'un ensemble de compétences, il faut généralement investir 10 000 heures dans l'apprentissage et l'approfondissement de ce que l'on sait déjà. L'argent, en particulier pour l'obtention de diplômes et de certifications, est également nécessaire dans la société d'aujourd'hui.

Mais qu'en est-il du sacrifice d'une partie du corps, d'un œil par exemple ? Qu'en est-il du fait de se soumettre à la mort pour poursuivre la connaissance qu'ils recherchaient ?

Odin et sa quête de savoir

En tant que souverain d'Asgard et superviseur des neuf royaumes, il était essentiel qu'Odin acquière des connaissances en toute circonstance. Il aspirait à la sagesse et à la vérité infinies des royaumes. Odin était constamment en quête de cette sagesse. Il voulait apprendre les subtilités de la magie, de la prophétie et du fonctionnement interne de l'univers.

Odin voulait tout apprendre et tout comprendre. Mais le prix à payer pour ce savoir est souvent très élevé.

Odin et l'œil sacrificiel

Odin, par rapport aux autres dieux, était supérieur en sagesse et en intelligence. Après tout, il a été l'un des premiers dieux à parcourir et à renverser les géants du givre avant la naissance des neuf royaumes. Les pouvoirs d'Odin étaient cependant limités par ce qu'il savait. Pour développer son intellect, il décida de rechercher les connaissances de son frère décapité, Mimir.

Odin, le dieu borgne

Mimir fut placé dans une source fraîche et ruisselante, sous les racines de l'arbre Yggdrasil, où les eaux regorgeaient de secrets et de vérités sur l'univers. Mimir buvait de l'eau de la source tous les jours et était donc doté de toute la sagesse qu'une divinité peut posséder. Souvent, Odin venait voir son frère lorsqu'il avait grand besoin de la sagesse que Mimir avait à lui offrir ; d'autres fois, c'était uniquement pour le contraindre à partager ses connaissances avec lui. Mimir était supérieur à Odin en termes de sagesse ; dans son esprit, Odin devait dépasser le niveau d'intelligence de son frère.

Mimir savait à quel point Odin souhaitait bénéficier de la sagesse infinie de l'univers. Mimir avertit Odin qu'une telle demande aurait un prix élevé à payer. Afin d'accorder à Odin l'accès à un verre de ce liquide clair et frais, Odin devait renoncer à quelque chose en échange.

Odin réfléchit un instant à une action digne de la profondeur de ses connaissances. D'un geste fluide, il s'arracha un œil et le jeta dans la source. Grâce au sacrifice reçu, Odin fut autorisé à boire à la Mimisbrunnr, également connue sous le nom de Puits de la Connaissance. À partir de ce moment, il fut considéré comme le plus puissant mentalement et intellectuellement de tous les dieux. Personne ne pouvait l'égaler.

Confusion sur le choix de l'œil

Bien que les textes ne disent pas de quel œil il s'est débarrassé, il est clair que pour devenir le plus sage de tous les dieux, un sacrifice intense était nécessaire. Au fil des millénaires, les artistes ont développé leurs propres perspectives sur le côté où le dieu a enlevé son œil. Dans certaines illustrations, c'est l'œil gauche qui est enlevé, dans d'autres, c'est l'œil droit.

Odin et la pendaison à l'arbre Yggdrasil

L'un des autres mythes entourant Odin et ses sacrifices est celui de sa pendaison à l'arbre Yggdrasil dans sa quête de connaissances. Ce mythe illustre son besoin inhérent d'approfondir ses connaissances et ce qu'il ferait pour les obtenir. Auparavant, il avait renoncé à son œil pour obtenir l'illumination. Que serait-il prêt à donner d'autre ?

Les Nornes

Après que la déesse Freyja eut introduit la magie dans le royaume d'Asgard, Odin remarqua qu'elle était capable de lire des runes pour changer le destin d'une personne. Curieux, il partit à la recherche des Nornes qui, elles aussi, dictaient le destin des dieux et des mortels. En observant leur magie sous l'arbre Yggdrasil, il découvrit qu'elles utilisaient également des runes pour transmettre le destin final aux mortels.

Dans sa jalousie et sa soif de connaissances, il demanda aux Nornes ce qu'il fallait faire pour acquérir les mêmes connaissances qu'eux ; elles répondirent qu'il devait se suspendre à l'envers sur l'Yggdrasil pendant un certain nombre de jours et de nuits sans aide.

Le Dieu se lève

Odin accepte de relever le défi. Il se suspendit à l'arbre Yggdrasil, la tête en bas, pendant neuf jours et neuf nuits : un pour chaque royaume. Par goût du drame et pour prouver sa volonté d'acquérir la connaissance des runes, il se poignarde avec sa lance.

Les dieux ases devaient s'abstenir de l'aider. Pendant ces neuf jours et ces neuf nuits, il se laissa mourir de faim. Il refusa de manger ou de boire quoi que ce soit. Finalement, son corps s'arrêta et il mourut suspendu à l'arbre. Le sang séché s'accumula autour de lui tandis que son corps se ratatinait, passant d'un dieu fort et puissant à un corps creux et décharné.

Après sa mort au cours de la neuvième nuit, il est ressuscité, renouvelé et doté de la connaissance des runes magiques. Il était désormais l'être singulier le plus puissant du cosmos. Grâce à ce nouveau savoir, il apprit neuf chants magiques et 18 enchantements extrêmement puissants. Non seulement il pouvait guérir les blessures physiques et émotionnelles, mais les armes de ses ennemis devenaient inutiles car il avait appris à restreindre leurs mouvements.

Conclusion

Les mythes des sacrifices d'Odin tournent autour d'un thème central qui rappelle au destinataire de l'histoire que des sacrifices sont nécessaires dans la poursuite de la connaissance. La dévotion à la connaissance signifie souvent qu'il est prêt à renoncer à une partie de lui-même pour en apprendre davantage et devenir ainsi plus puissant. Cette histoire résonne encore aujourd'hui. Bien que les sacrifices nécessaires pour apprendre des choses n'aient pas besoin d'être aussi extrêmes que ceux d'Odin, elle nous rappelle que tout ce qui vaut la peine d'être appris nécessite une forme de sacrifice.

CHAPITRE 6 : SIF ET LES CHEVEUX D'OR

L'histoire de Sif, épouse de Thor, est l'une des rares légendes entourant la déesse des moissons. Sa longue chevelure dorée était sa caractéristique la plus prisée. Loki, le dieu de la ruse, avait un plan diabolique dans sa manche pour jouer un tour à la belle mais vaniteuse déesse. L'histoire traite du désespoir, d'une menace et d'une promesse tenue.

Sif et ses cheveux

La déesse des moissons, Sif, avait les plus beaux cheveux d'or de tous les royaumes. Rivalisant avec la beauté de Freyja elle-même, Sif était l'épouse de Thor. Elle l'aimait profondément et lui donna même des enfants. Sif était la fierté et la joie du dieu du tonnerre, surtout avec ses longues et luxuriantes mèches dorées.

Sif était une déesse importante pour les Vikings. Ses cheveux représentaient les champs de blé dorés, mais elle était également associée à la passion, au soleil, à la fertilité et à l'agriculture.

Loki et sa farce

Loki, le dieu de la ruse, voulait faire une farce à Thor et à sa famille.

Pendant que Sif dormait, il a coupé ses belles mèches dorées. Il ne restait plus que du chaume. Satisfait de son travail, il disparut dans la nuit. Cependant, à son réveil, Sif remarqua immédiatement que sa tête était anormalement légère. Elle passa ses doigts dans la barbe et se rendit compte qu'elle n'avait plus de cheveux. Son mari se réveilla en la voyant sangloter. Il partit immédiatement à la recherche de Loki, qu'il savait être à l'origine de cette horrible farce.

Loki savait que Thor viendrait le chercher. Il se métamorphosa sous diverses formes pour tromper le dieu, mais Thor finit par le rattraper. Il menaça Loki : si le dieu ne corrigeait pas son erreur, Thor lui broierait tous les os du corps. Loki savait que le dieu ne menaçait pas à la légère et partit donc à la recherche d'une perruque pour Sif, mortifiée.

Loki et les frères nains

Loki s'aventura dans le royaume des nains connu sous le nom de Svartalfheim. Les nains n'interféraient généralement pas avec les dieux, à moins qu'une tâche ne doive être accomplie ; dans ce cas, Loki promit de s'attirer les faveurs des dieux Ases et les siennes. Il entra dans la grotte d'Ivaldi, où vivaient deux frères nains, Brokk et Eitri.

Brokk et Eitri

Loki séduit les frères en louant leurs compétences supérieures à celles du reste des nains. Lorsque Loki leur demanda de fabriquer pour Sif une perruque d'or fusionnée avec de la magie, les frères se mirent au travail. Le dieu oublia de leur expliquer la raison de cette perruque. Loki leur offrit cependant la gratitude éternelle de Sif et de Thor, ainsi qu'une faveur de sa part et de celle des autres dieux.

Pendant que les deux frères travaillaient, il prit Eitri à part et le félicita discrètement pour sa maîtrise de la forge, supérieure à celle de son frère. Satisfait en privé, il accepta de travailler sur un autre projet pour Loki. Cependant, Brokk les entendit parler et commença secrètement un autre projet pour concurrencer son frère.

La perruque d'or

La perruque est terminée. L'or pur de la perruque comportait de fines mèches proches de la forme d'un cheveu. Les mèches étaient imprégnées de magie afin que la perruque puisse régénérer rapidement les cheveux originaux de la déesse. Les deux nains furent satisfaits du projet, et Loki lui-même exprima sa gratitude.

Gungnir

Eitri présenta son projet en premier. Il s'agissait d'une lance finement ouvragée et parfaitement équilibrée. Non seulement elle était superbement fabriquée, mais elle était aussi magiquement imprégnée du pouvoir de ne jamais manquer sa cible. Loki savait que cela plairait à Odin, car il craignait la colère de l'Allfather. Il accepta gracieusement le cadeau d'Eitri et attendit le projet de Brokk.

Skidbladnir

Brokk présenta au dieu un énorme vaisseau, appelé Skidbladnir. Le navire pouvait contenir tous les dieux d'Asgard, à en juger par sa taille immense, mais il y avait aussi de la magie en jeu. Skidbladnir avait également des vents favorables dans ses voiles et se pliait facilement pour tenir dans une poche. Loki fut impressionné par le travail de Brokk. Le dieu savait qu'il s'agissait d'un cadeau extraordinaire pour Freyr, qui l'apprécierait grandement.

Le retour de Loki

Loki quitta le royaume des nains et se rendit à Asgard. À son retour, Thor lui demanda si le voyage avait été un succès. Loki rayonne de fierté et présente la perruque à Sif. Son éclat doré illumina le visage de la déesse, qui tomba instantanément amoureuse du remède à son problème.

Elle plaça la perruque sur sa tête, et bientôt ses cheveux d'origine commencèrent à repousser pour retrouver leur gloire d'antan. Lorsqu'il aperçut les cheveux qui coulaient de la tête de sa femme, il s'exclama que sa chevelure dorée était plus belle qu'elle ne l'avait jamais été. Avec cette validation, Sif n'était plus contrariée. Thor et Sif laissèrent Loki présenter les deux autres cadeaux à Odin et Freyr, qui les apprécièrent tout autant.

Conclusion

Les Vikings utilisaient ce mythe pour expliquer pourquoi le blé était tondu lorsqu'il était prêt à être récolté. L'histoire rappelait une fois de plus aux peuples nordiques qu'il fallait garder espoir après les épreuves et les tribulations. Après tout, la beauté de la vie réside dans le fait que, même si certaines surprises peuvent être malvenues, elles peuvent être transformées en quelque chose de plus précieux.

CHAPITRE 7 : IDUN ET LES POMMES D'OR

Idun, la déesse de la beauté, détenait la clé de l'immortalité dans son jardin riche en fruits et en fleurs. Le produit le plus précieux de son jardin, cependant, était ses pommes d'or. Les pommes d'or étaient la nourriture des dieux. Comme dans la mythologie grecque de l'ambroisie, qui était la nourriture du panthéon, les pommes étaient fraîches et contenaient en elles la magie de l'immortalité.

Idun était l'épouse de Bragi, le dieu de la poésie, et la fille du nain forgeron connu sous le nom d'Ivald. Après avoir épousé Bragi, elle monta au royaume d'Asgard, et avec elle, le coffre des pommes d'or qu'elle portait. Son coffre restait toujours plein, même après que les dieux l'eurent presque vidé chaque jour.

Le danger du pouvoir

Parce qu'elle possédait le fruit, elle était souvent la cible des nains et des géants qui voulaient devenir immortels. Elle surveillait attentivement son prix ; la moindre erreur pouvait lui être préjudiciable, ainsi qu'aux dieux.

Faire confiance au Dieu de la ruse

Loki, Odin et Hoenir étaient en train de faire une autre quête lorsque, sur le point de rentrer chez eux, ils s'arrêtèrent et tuèrent un bœuf. Ils s'apprêtent à le faire cuire, mais la viande refuse de cuire. Un aigle descendit des branches d'un arbre voisin, suppliant les dieux de le nourrir, faute de quoi il ne laisserait pas la viande cuire. Les dieux acceptèrent à contrecœur, et l'aigle choisit les meilleurs morceaux de viande et s'envola.

Dans un accès de rage, Loki se transforma en faucon et poursuivit l'aigle. Malheureusement, l'aigle était le géant Thjazi. Le géant retint Loki dans ses griffes, refusant de le relâcher. Il menaça Loki de revenir et de le kidnapper s'il ne lui apportait pas directement les pommes d'Idun. Loki accepta et fut libéré par Thjazi.

Lorsque les trois dieux revinrent de leur quête, Loki partit immédiatement à la recherche d'Idun et de son coffre de pommes. Il lui ment et lui dit qu'au cours de ses voyages, il a trouvé des pommes tout aussi magnifiques que celles qu'elle possède. Qu'elle les apporte et qu'elle compare les deux types de fruits. Convaincue par la langue d'argent du dieu, elle le suivit jusqu'à ce qu'ils atteignent les murs au-delà d'Asgard et entrent dans une zone forestière.

L'enlèvement d'Idun et les pommes d'or

Lorsqu'elle atteignit la lisière de la forêt, au pied d'une chaîne de montagnes, Thjazi s'empara de la déesse et de ses pommes. Il l'emmena au cœur de Jotunheim, le royaume des géants, et dans sa maison. La maison du géant était située au sommet de la plus haute montagne. Le vent hurlait tandis que la glace décorait l'intérieur de la demeure. Le géant tenait la déesse entre ses griffes.

Après le départ d'Idun d'Asgard, les dieux commencèrent à sentir leur âge. Des rides apparurent sur leurs visages et ils commencèrent à se sentir physiquement faibles. Leurs cheveux grisonnèrent. Les dieux d'Asgard la cherchèrent mais ne purent la retrouver. L'un d'eux raconta qu'il avait vu la déesse pour la dernière fois avec Loki. Lorsqu'ils l'attrapèrent, il avoua ce qui s'était passé à ses collègues divinités. Il reçut alors une mission : s'il ne retrouvait pas la déesse et ses pommes, il serait tué en punition de ses crimes.

La récupération de la déesse bien-aimée et des pommes

Loki se hâta de sauver la déesse du géant. Il se métamorphosa à nouveau en faucon et franchit la barrière d'Asgard pour se rendre à Jotunheim. Une fois le seuil de Jotunheim franchi, le dieu scruta les sommets des montagnes et découvrit que la déesse était seule dans le palais du géant, qui était allé pêcher dans l'océan. Loki s'empressa de la transformer en noix et l'emporta, avec les pommes d'or, dans ses serres.

Lorsque le géant revint de sa partie de pêche, il se rendit compte que la déesse n'était plus là. Il vit un faucon au loin et comprit exactement ce qui s'était passé. Il reprit son état d'aigle et se lança à la poursuite de l'épervier. Le géant combla facilement l'écart qui le séparait de Loki, dont les ailes battaient furieusement.

Il y a eu de la fumée et du feu !

Les dieux Ases attendaient le retour de Loki. Au loin, ils virent le dieu de la ruse suivi par un aigle massif. Ils mirent au point un plan pour fortifier l'entrée d'Asgard par le feu dès que Loki franchirait la frontière. Ils mirent le feu à la frontière et se préparèrent à l'allumer.

Le géant Thjazi était dangereusement proche de Loki. Un seul coup des puissantes serres de l'aigle et la mission aurait échoué. Loki passa la frontière en trombe et les dieux frappèrent immédiatement le bois d'allumage pour créer un mur brûlant à la frontière.

Thjazi se déplaçait trop rapidement pour s'arrêter avant de toucher les flammes. Il ne put ni s'arrêter ni se transformer en géant, mais il vola tout droit vers la frontière enflammée et mourut brûlé. Idun et ses pommes retrouvèrent leur place à Asgard.

Conclusion

La leçon à tirer de ce mythe est qu'il faut se méfier de ceux qui ont une langue d'argent, car ils n'ont pas toujours les meilleures intentions. Loki était réputé pour sa ruse, et c'est ce qui a conduit à l'enlèvement d'Idun. Sa confiance aveugle dans le dieu de la ruse et son manque de foi en elle-même et en son don se révélèrent problématiques pour elle. Si Loki n'avait pas été contraint de la sauver par les Asgardiens, son destin aurait été différent. Le mythe est une mise en garde. Le mythe a également été utilisé pour illustrer l'importance d'Idun en tant que déesse.

CHAPITRE 8 : LE MYTHE DE FENRIR ET TYR

De nombreux mythes entourent les enfants de Loki : la déesse Hel, qui était la fille du dieu ; Jormungand, l'un de ses fils qui a fait le tour du monde dans une rivalité éternelle avec Thor ; et Fenrir, le fils aîné du dieu.

Fenrir, comme nous l'avons vu précédemment, était un loup massif voué à la destruction. Il a joué un rôle majeur lors du Ragnarok, dont nous parlerons dans le prochain chapitre.

Fenrir en tant que jeune chiot

Le destin de Fenrir était connu des seuls dieux. Parce qu'ils savaient de quelle destruction et de quel chaos il était capable, il fut décidé que Fenrir resterait à Asgard avec les dieux pour garder un œil sur la jeune bête. On ne sait pas grand-chose de la créature après sa naissance ; il est tout à fait possible que les dieux connaissant son destin, il ait été victime de mauvais traitements et d'autres préjudices.

Les chaînes qui me lient

Le seul dieu à s'être approché du loup était Tyr, le dieu de la guerre. Tyr, bien qu'il soit le dieu de la guerre, était étonnamment calme, posé et, surtout, juste. Le dieu nourrit et éleva le loup, qui grandit très vite.

Les dieux, constatant la nouvelle taille et la force du loup au fil des jours, décrétèrent que le loup devait être enchaîné à un arbre. Leur peur l'emportait sur toute raison ; la peur du loup et la prophétie de la destruction causée par le loup étaient plus fortes que tout le reste. Odin écouta leurs demandes et rassura les dieux en leur disant que Fenrir serait attaché.

Trompez-moi une fois

La première tentative d'attacher le loup à un arbre ne réussit pas. Les dieux firent croire au loup que ses liens étaient une épreuve de force. Désireux de plaire à ses maîtres, il brisa la chaîne d'un coup de patte. Pour éviter que le loup ne se fâche et ne verse du sang, les dieux applaudirent et acclamèrent le succès.

Me tromper deux fois

Les dieux répétèrent le processus, mais cette fois avec une chaîne plus épaisse et plus lourde. Fenrir accepta d'être attaché à un arbre avec cette chaîne. Il tenta de se libérer, mais n'y parvint pas. Il voulait vérifier la solidité de l'attache avant d'utiliser toute sa puissance, qui la brisa en deux. Pour la deuxième fois, les dieux applaudirent et acclamèrent ce nouveau succès, mais quelque chose ne tournait pas rond. Les spectateurs se jettent des regards en coin, tandis que d'autres froncent les sourcils.

Fenrir commençait à comprendre les liens et la volonté de tester son pouvoir. Il ne lui fallut pas longtemps pour comprendre qu'ils avaient peur de lui, même s'il ne savait pas pourquoi.

Gleipnir : La chaîne incassable

Désormais nerveux, les dieux envoyèrent un message aux nains. Il était de la plus haute importance de fabriquer la chaîne la plus solide possible. La magie, décidèrent les Asgardiens, était la seule chose qui pouvait vraiment le retenir. Les nains relevèrent le défi et fabriquèrent une chaîne extrêmement légère et fine par rapport aux deux chaînes précédentes. La magie fut façonnée par l'impossible : le bruit de pas d'un chat, le souffle d'un poisson océanique, les racines d'une montagne, la barbe d'une belle jeune fille et la salive d'un oiseau. La chaîne s'appelait Gleipnir.

Ne jamais faire confiance à un Asgardien

Une fois la chaîne terminée, ils tentèrent de tromper Fenrir une troisième fois. Fenrir se doutait bien que les dieux préparaient quelque chose. Cela rendit furieux le loup massif, qui avait grandi de façon exponentielle depuis la dernière fois qu'ils avaient essayé de l'enchaîner. Il garda ses soupçons à distance jusqu'à ce que la troisième chaîne soit brandie.

Le loup appela Odin, avec beaucoup de méfiance. Ce n'était pas un secret que lui et Odin ne s'entendaient pas. Odin n'avait jamais été présent auparavant, alors pourquoi était-il là maintenant ? Odin tenta de calmer la bête en lui disant qu'il s'agissait d'une blague et qu'il ne fallait pas le craindre. Fenrir, lui, renifla les mensonges dans son haleine.

Fenrir reconnut immédiatement le travail des nains à la taille de la chaîne elle-même. Il se souvint de la taille des chaînes précédentes, mais celle-ci était beaucoup plus légère. La magie avait dû être utilisée, et la seule race assez intelligente pour imprégner la chaîne de magie était celle des nains.

L'épreuve du destin

Fenrir décida rapidement de jauger la réaction des dieux, et fit une simple demande. Si la chaîne n'était qu'une plaisanterie, alors aucun dieu ne verrait d'inconvénient à ce que l'un d'entre eux lui mette le bras dans la bouche alors qu'il était attaché. Si les liens se rompaient, il laisserait le dieu partir. S'il sentait qu'il trahissait sa confiance, Fenrir dévorerait le bras sans hésiter.

Les réactions des dieux ne font qu'alimenter la méfiance qu'il éprouve à leur égard. Aucun dieu ne voulait perdre un bras. La peur qui se lisait dans leurs yeux au fur et à mesure qu'il formulait ses demandes ne faisait que confirmer à Fenrir que la ruse n'était pas de mise.

Tyr fut le seul dieu à se porter volontaire pour placer son bras dans la gueule du loup. Il se dirigea vers Fenrir et plaça avec précaution son bras à l'intérieur. Les dieux l'enchaînèrent et attendirent l'inévitable.

Le retrait du bras

Fenrir tira sur les chaînes, d'abord pour tester la solidité des liens. Celles-ci ne bougèrent pas. Cette fois, de toutes ses forces, il lutta contre les chaînes, qui ne firent que l'enserrer davantage. Il ne pouvait briser ces chaînes enchantées par la magie.

Le loup jeta un coup d'œil aux dieux et vit sur leurs visages une expression de satisfaction suffisante. Une partie de lui espérait se tromper, mais il avait appris de son père Loki à ne jamais vraiment faire confiance à un Asgardien. Il regarda son seul ami, celui qui l'avait nourri et qui avait passé le plus de temps avec lui. Tyr avait l'air malheureux ; le dieu ne partageait pas la satisfaction de voir que les liens ne se rompaient pas.

Brûlant d'une rage insurmontable contre les dieux Ases et la trahison de son seul ami, Fenrir mordit le bras du dieu de la guerre. Avec un grognement, il l'avala tout rond.

Tyr ne fit aucun bruit, mais accepta sa punition avec grâce et dignité ; après tout, il estimait que sa punition pour s'être rapproché de la créature et l'avoir ensuite trahie était justifiée. Il se tint le bras alors que le sang en jaillissait et s'étalait en une mare sur le sol. Il s'éloigna du loup.

Liés pour la vie jusqu'au Ragnarok

Après avoir réussi à lier le redoutable loup, les dieux le déplacèrent dans un endroit désert et éloigné où il ne serait plus une menace. Odin conduisit les dieux vers la terre où Fenrir devait être lié jusqu'aux événements de Ragnarok. Tout au long du trajet, Fenrir hurla pour retrouver sa liberté.

Les dieux attachèrent le loup massif à un rocher. Fenrir continua à hurler et à grogner contre les dieux qui l'avaient trahi. Les derniers mots qu'il prononça avant de ne plus pouvoir parler étaient des mots de violence et de vengeance. Il promit à Odin que, lorsque le Ragnarok serait sur eux, il chercherait spécifiquement le dieu et, dans un acte de vengeance, jura qu'il tuerait le Tout-Père sans aucun remords.

Ces mots glacèrent Odin jusqu'à l'os ; il connaissait la prophétie et savait comment sa mort avait été annoncée. Les yeux de Fenrir brûlaient d'une haine sans pareille. Odin sut, à ce moment-là, que Fenrir pensait chaque mot.

Une fois que le loup eut fini de parler, Odin lui enfonça une épée dans la mâchoire pour la maintenir ouverte et l'empêcher de parler à nouveau. La bave qui s'écoulait de sa bouche créa une rivière appelée "Attente", où Fenrir resta jusqu'au début du Ragnarok. C'est là que Fenrir resta jusqu'au début du Ragnarok.

Conclusion

Les dieux et les mortels ont célébré la victoire des dieux qui ont neutralisé la menace potentielle pour Asgard. Tyr fut particulièrement célébré pour son acte désintéressé, qui illustrait encore mieux le caractère du dieu. Tyr n'a pas fait repousser son bras, mais en a gardé l'extrémité pour se souvenir de son devoir et de son service envers les royaumes.

Ce conte est aussi une mise en garde. Comme Idun et ses pommes d'or, il est important de se méfier de ceux que l'on peut appeler des amis.

On peut également souligner que si Fenrir avait été traité comme un atout plutôt que comme une menace, les choses auraient pu tourner différemment pour le panthéon dans son ensemble. L'histoire a également servi à rappeler que le destin peut toujours être changé si l'on ose le faire.

CHAPITRE 9 : RAGNAROK

Le Ragnarok, également appelé "le crépuscule des dieux", est certainement le plus célèbre de tous les mythes du panthéon nordique. Ce mythe illustre la mort et la renaissance des dieux. Aussi terrifiant que cela puisse paraître, le changement et la mort sont les seules choses qui restent permanentes.

Le signal d'alarme

Les Nornes, Odin et Frigg savaient tous que le règne d'Asgard toucherait à sa fin. Les signes de la chute éventuelle des dieux ont été prophétisés, de sorte qu'ils savaient tous que la fin des temps approchait.

Trois années d'hivers rigoureux

Le premier signe annonciateur d'une catastrophe imminente fut trois hivers exceptionnellement longs et rigoureux à Midgard. Le vent mordant et la neige ont recouvert l'ensemble du royaume pendant trois ans, sans répit. Il n'y eut ni printemps, ni été, ni automne. Les fils du loup Fenrir avalèrent le soleil et la lune, entraînant un hiver pour les dieux comme pour les mortels. Les étoiles disparurent. L'obscurité commença.

La famine et la maladie s'abattent sur les humains, et le désespoir les pousse à faire tout ce qu'ils peuvent pour survivre. Les frères tuèrent leurs frères, les pères tuèrent leurs fils. Les mortels entrèrent dans l'ère des épées et des haches. La violence éclata à Midgard et se répandit dans le royaume des dieux.

En prévision des batailles à venir, Odin demande une dernière fois conseil à Mimir. Il n'avait plus rien à donner ; le temps des dieux touchait à sa fin.

Mort, destruction et chaos

Lorsque l'hiver s'est installé et que les ténèbres se sont installées, le sol lui-même s'est mis à trembler. Le grand arbre Yggdrasil frémit et gémit, comme s'il était prêt à tomber. Les montagnes s'aplanirent et de grands arbres furent déracinés.

Loki et ses enfants réunis

Alors que les royaumes sont recouverts de glace et de neige, Loki et ses enfants se libèrent de leurs liens. Loki et Fenrir se libérèrent de leurs liens au milieu du tremblement de la terre. Jormungand, qui avait dormi pendant des milliers d'années, encerclant Midgard dans les profondeurs des océans, surgit de ces profondeurs. Suite à l'effondrement des montagnes et à la vengeance de Jormungand, Midgard devint un désert océanique peuplé de monstres perfides.

Fenrir a ouvert sa mâchoire pour dévorer tout ce qui se trouvait sur son chemin, en traversant la terre. Du ciel à la terre, rien n'est épargné par sa destruction. Jormungand crachait du venin dans le ciel ; des nuages de pluie acide empoisonnaient tout sur leur passage. Les plantes se flétrissaient, les mortels mouraient de faim ou se noyaient, et l'air même était venimeux.

Le Ragnarok battait son plein, et rien ne s'y opposait. Loki était le capitaine du navire Naglfar, fabriqué à partir des ongles des doigts et des orteils des mortels. Son équipage était composé de géants prêts à respirer l'air empoisonné et chaotique.

Le combat commence

Le tremblement de la terre a permis aux géants du feu et du gel d'émerger et de participer au Ragnarok. Les géants du feu de Muspelheim traversèrent le Bifrost pour rejoindre le royaume des dieux. Alors qu'ils traversaient le pont arc-en-ciel, le Bifrost se désintégra. Alors que les géants du feu franchissaient les portes, Heimdall souffla dans son cor, signalant aux dieux que le moment était venu pour eux de se battre.

Avec Surtr à la tête des géants du feu, ils chargèrent les dieux de toutes leurs forces. La lame que maniait Surtr était plus chaude et plus brillante que le soleil. Elle détruisit tout ce qui se trouvait sur son chemin. Des cris de terreur et des rugissements de combat transpercèrent les cieux tandis que les deux camps se rencontraient sur le champ de bataille appelé Vigrid, prêts pour l'affrontement final entre les dieux et les monstres.

Les deux camps s'affrontaient. Les monstres se battaient aux côtés des monstres, tandis que les dieux combattaient en écartant des membres de leur groupe. Les soldats déchus du Valhalla, connus sous le nom d'einherjar, étaient prêts à l'action et préparés pour ce moment. Tous les héros des mythes nordiques ont tenu bon à Vigrid, tuant les créatures de malheur ou tombant sous leurs coups.

La chute d'Odin

Odin et Fenrir s'affrontèrent dans la grande bataille. Fenrir grinçait des dents, les lèvres retroussées en un redoutable grognement. Le puissant et sage Odin le repoussa aussi longtemps qu'il le put. Odin asséna plusieurs coups puissants au loup massif, mais celui-ci finit par avaler le chef des dieux.

L'un des fils d'Odin, Vidar, vit le redoutable loup avaler son père. Les yeux flamboyants, il vengea son père. Il portait des bottes spécialement conçues pour la bataille, fabriquées à partir des déchets de cuir dont les cordonniers humains s'étaient débarrassés. Vidar ouvrit les mâchoires de la bête. Alors que la bête se débattait, il plongea son épée dans la gorge de Fenrir.

La chute de Tyr

Le dieu de la guerre Tyr affrontait un autre loup du nom de Garmr, un chien de l'enfer de la bien nommée Hel. Le dieu et le loup se livrèrent un combat acharné sur le champ de Vigrid. Finalement, le loup tua le dieu de la guerre à une main. Ce fut une victoire pour les monstres, qui se battirent avec plus d'ardeur grâce au moral que leur procurait cette victoire.

La chute de Heimdall et de Loki

Heimdall et Loki se sont affrontés après la chute du Bifrost et l'effondrement du pont arc-en-ciel. En raison de leur relation tendue et de la méfiance de Heimdall à l'égard du dieu de la ruse, ils s'engagèrent dans une longue bataille. Ils s'affrontèrent, à armes égales, jusqu'à ce que les deux dieux s'entretuent. Le règne du dieu de la ruse était terminé, mais l'un des dieux les plus importants d'Asgard l'était aussi.

Freyr et Surtr

Après la mort du bien-aimé gardien d'Asgard, Freyr se battit contre le chef des géants de feu, Surtr. Le dieu de la fertilité se battit vaillamment contre son ennemi, mais sa force et son épée ne firent pas le poids face au géant de feu. Après qu'il eut tué Freyr, le ciel s'illumina d'une lumière rouge cramoisie à la place des cieux sombres qui l'avaient précédé. Un dieu de plus était tombé.

La chute de Thor et du Serpent

Le dernier dieu à tomber fut Thor, ce qui constitua le point culminant du Ragnarok. Les ennemis éternels Thor et Jormungand se sont affrontés dans un dernier combat à mort. Tandis qu'Odin combattait Fenrir et tombait, son fils aîné Thor luttait contre le serpent. Thor a écrasé son marteau Mjolnir sur le crâne du serpent à plusieurs reprises tout en évitant les gaz toxiques et le venin de Jormungand. Après tant de coups, le serpent gisait mort devant le dieu du tonnerre. Thor, gravement battu et le sang empoisonné, tituba sur neuf pas avant de tomber raide mort.

Après la chute de Thor, le Géant de feu fut abattu. Avant son inévitable disparition, il lança une dernière boule de feu sur Midgard. La boule de feu brûla tout sur son passage sur la terre restante.

Le nouveau royaume

Après la fin du Ragnarok et des combats acharnés, les royaumes s'effondrèrent sur eux-mêmes. Le travail de la création initiale fut complètement annulé, et la seule chose qui resta fut l'abîme Ginnungagap. C'est du moins ce qu'il semblait.

Les survivants des plaines de l'Ida

Les divinités survivantes firent le serment de créer un monde nouveau et meilleur à partir des quelques vestiges de l'abîme qui avaient survécu. Là où Surtr avait lancé sa boule de feu et brûlé tout sur son passage poussa une nouvelle végétation luxuriante et verdoyante. Les plaines de l'Ida étaient le nouveau royaume et elles grouillaient de vie. Les animaux revinrent dans la zone détruite.

Parmi les divinités survivantes se trouvaient les fils d'Odin et de Thor : Vidar et Vali, les fils de l'ancien grand Odin, et Modi et Magni, les fils de Thor. Le dieu bien-aimé Baldr et son frère Hodr ont émergé de Hel. Après leur résurrection, ils ont travaillé à la création des plaines de l'Ida.

Les deux mortels restants s'appelaient Lif et Lifthrasir et avaient réussi à s'échapper du paysage infernal de la bataille entre les monstres et les dieux. Lif, le mâle mortel, et Lifthrasir, la femelle mortelle, repeuplèrent les plaines de l'Ida et donnèrent naissance à une nouvelle race d'hommes bons et justes.

Conclusion

Si la fin du monde était sombre et terrifiante, le thème que les Vikings voulaient marteler était celui de l'impermanence. Rien n'est jamais pareil ; la seule promesse de la vie, c'est qu'elle est constamment en mouvement.

Le panthéon nordique continue d'inspirer la vie de l'homme de tous les jours. Quel que soit le support, jeux vidéo, livres ou films, le panthéon continue de dominer le genre fantastique. L'introduction des dieux et des créatures qu'ils ont rencontrées, pour le meilleur et pour le pire, continue d'inspirer d'autres personnes à suivre la tradition de la narration. La narration fait partie intégrante de la condition humaine ; c'est un don qui continue d'être demandé. De nos ancêtres aux générations futures, la capacité à raconter une bonne histoire, quelle qu'en soit la source initiale, perdurera jusqu'à ce que nous rencontrions notre propre Ragnarok.